TROIS SCÈNES

JUDICIAIRES

PAR

ÉDOUARD LUCE

MARSEILLE
IMP. ET LITH. BARLATIER-FEISSAT ET DEMONCHY
Place Royale, 7

1852

F

TROIS SCÈNES JUDICIAIRES.

TROIS SCÈNES JUDICIAIRES,

PAR

Édouard LUCE,

Président du Tribunal de Première Instance de Marseille, Membre de l'Académie des Sciences
Belles-Lettres et Arts de la même Ville,
Chevalier des Ordres de la Légion d'Honneur et de St.-Grégoire-le-Grand.

MARSEILLE.
TYP. ET LITH. BARLATIER-FEISSAT ET DEMONCHY,
Place Royale, 7 A.
—
1852.

INTRODUCTION.

La séparation des Pouvoirs civil et religieux se justifie par la différence de leur origine et de leur but.

La Religion est confiée à la croyance de l'homme.

La Loi s'impose au citoyen.

Lorsque le Pouvoir civil absorbe le Pouvoir religieux, il n'y a plus de religion pour l'individu ; il y a une religion pour l'État, exposée aux caprices du Pouvoir. Dans ce cas, et dans l'ordre des lois criminelles, il y a l'expiation du crime par la peine corporelle ; mais on ne laisse pas au criminel le temps d'expier par le repentir.

Si le Pouvoir civil, pour assurer l'empire d'une loi répressive, désarme le Pouvoir religieux, tout en le respectant, la Religion encore gênée dans ses inspirations et ses actes, blessée dans sa dignité, n'est plus la puissance qui console et relève; elle devient la complice involontaire des sévérités d'un Pouvoir dont elle devrait être séparée.

Enfin, la Religion ne reprend son influence et son autorité, que lorsque, dans sa libre sphère d'action, elle peut, à côté du Pouvoir qui frappe le crime, relever la conscience du criminel; à côté de la loi, qui ne pardonne pas, placer le Dieu qui pardonne; et enfin, dans le condamné qui va expier un méfait, trouver le chrétien qui espère.

Ces idées ont inspiré notre récit.

TROIS SCÈNES JUDICIAIRES.

Une Exécution à Rome au VIIme Siècle de l'ère Romaine.

Une grande agitation régnait dans la cité ; la foule se portait, insouciante et rieuse, vers le Forum, où se préparait un spectacle lugubre ! mais c'était un spectacle.

Les édiles plébéiens, chargés de veiller à la conservation des monuments, prenaient leurs mesures pour que le peuple pût circuler dans cet immense Forum, où s'élevaient, sans ordre et sans symétrie, des monuments de tout genre : *basiliques, temples, colonnes, statues*. C'est en vain qu'en 596, les censeurs Scipion et Pompilius avaient fait enlever d'autour du Forum toutes les statues des citoyens qui avaient exercé des magistratures, en ne laissant que celles qui avaient été posées par ordre du Sénat et du peuple ; l'abus n'en avait pas moins continué. On exerçait sans mesure le droit de se faire ériger une statue en public, et ce droit était tellement abandonné à tout le monde, et si peu surveillé par l'autorité publique, qu'Annibal lui-même fut représenté dans trois endroits de Rome, de cette ville contre laquelle, seul de tous les ennemis du nom romain, il avait osé lancer une javeline. Ce n'est que sous l'empereur Claude qu'on fit transporter ailleurs toutes les statues qui encombraient la ville, et qu'on défendit aux citoyens de s'ériger une statue en public sans l'autorisation du Sénat, à moins d'avoir élevé ou réédifié un édifice public.

Est-ce à l'orgueil du peuple romain? est-ce à son amour pour les arts et pour celui de la statuaire en particulier qu'on doit la consécration de ce droit laissé à toute personne de se faire ériger une statue en public?

Comment ces symboles de la vanité humaine s'alliaient-ils avec les mœurs d'une république? De ce que chaque citoyen pouvait l'exercer, ce droit n'en était pas moins la consécration publique d'une faiblesse morale, le privilége de la fortune.

Je comprends sur la place des Comices la statue que la reconnaissance de Rome éleva au héros qui, dans la guerre dont fut suivie l'expulsion des rois, défendit seul contre une armée un pont que l'on coupait, pour empêcher l'ennemi de pénétrer dans Rome ; je n'y admets pas toutes les statues que peuvent y placer la reconnaissance, la fortune ou l'orgueil.

L'adoration des idoles conduisait à l'abus des statues.

Chez un peuple qui a des dieux pour tous les âges, pour toutes les passions, pour toutes les affections de l'âme, pour tous les phénomènes de la nature, pour toutes les calamités, tous les fléaux, toutes les infirmités, chez lequel le nombre des divinités de tout genre, grandes et petites, s'élève à 6,000, et parmi lesquelles on compte 300 Jupiter, on ne peut pas s'étonner de voir à côté des temples, des colonnes et des portiques élevés à ces innombrables dieux, comme l'expression du culte public, des statues et des colonnes élevées par le culte privé.

L'idolâtrie ne se prêtait pas à l'adoration des dieux en masse ; chaque citoyen choisissait sa divinité selon ses passions et ses intérêts du moment ; l'homme accablé de sa faiblesse avait morcelé Dieu, afin que chacun adorât la fraction qui lui serait nécessaire. Aussi avait-on institué des sacrifices pour chaque divinité. L'importance du dieu s'accroissait de la grandeur du temple. Le nombre de ces monuments était si grand, que leur ville est comme un Olympe, et qu'il est plus facile, dit Pétrone, d'y trouver un dieu qu'un homme.

Dans cette vie tout extérieure du peuple romain, vie qui soulevait d'une manière si tyrannique, à côté des fiers sentiments du citoyen, les passions orgueilleuses de l'homme, il fallait des temples pour tous ses dieux, des colonnes pour tous ses grands hommes, des statues pour la famille.

A côté de la grandeur du citoyen, la faiblesse de l'homme.

Déjà au vii⁰ siècle, on pouvait dire des sculpteurs à Rome ce que Juvénal disait plus tard des peintres, à propos des tableaux votifs suspendus dans les temples : Qui ne sait qu'Isis nourrit nos peintres ?

Pictores quis nescit ab Iside pasci?.......

Les édiles donc faisaient suspendre les travaux ; les magistrats hâtaient l'expédition des affaires publiques et se disposaient à quitter le tribunal de pierre des Comices. L'agitation des affaires privées commençait à s'apaiser, et on pouvait remarquer près de l'autel du Putéal le plaideur, qui, profitant du désordre, se précipitait vers cet autel pour y prêter serment et prendre les dieux à témoin de sa bonne foi.

La foule se dirigeait du côté des temples de Saturne et de la Fortune, et tournait ses regards vers la prison publique, située sur la pente du Mont-Capitolin, qu'Ancus Martius fit bâtir ainsi au milieu de la ville pour dominer le Forum et intimider les malfaiteurs.

Les plus impatients atteignaient les premiers degrés qui conduisaient à la prison et qu'on appelait les *Gémonies* : c'était le jour décisif où le tribunal devait prononcer sur le sort de l'accusé. L'affaire, quoique capitale, ne devait pas se juger dans les Comices par centuries ; le peuple n'avait pas à faire acte d'autorité, il assistait aux débats. Le crime qu'on reprochait à Catulus n'était pas un de ceux pour lesquels la loi laissait à l'accusé la faculté de s'exiler avant l'issue de son procès, ou d'obtenir sa liberté en payant une somme d'argent.

Catulus était en prison ; si la sentence était prononcée, il n'avait nul moyen de se soustraire à l'exécution.

Le magistrat accusateur avait, du haut de la tribune du Forum, porté de vive voix l'accusation contre Catulus ; aux jours assignés, il avait, par trois fois, renouvelé l'accusation et demandé la peine, la même peine. Son accusation avait été affichée pendant les trois jours consécutifs qui devaient précéder les Comices.

L'accusateur avait enfin, pour la quatrième fois, en présence du peuple assemblé, dénoncé son accusation, et indiqué le jour où seraient convoqués les Comices pour prononcer le jugement.

C'était le jour du jugement qui avait réuni au Forum cette foule immense. Les juges déjà tirés au sort, précédés d'appariteurs portant des bâtons, venaient de prendre place, comme d'habitude, sur le Forum, en plein air.

Sur une estrade siégeait le quésiteur, assis sur une chaise curule ; il avait à ses côtés deux licteurs, des scribes, des hérauts.

Au-dessous, dans un hémicycle en pierre, étaient des bancs pour les juges tirés au sort, au nombre de quatre-vingt-un. Un parquet enfermait le quésiteur et les juges.

En dehors du tribunal, des bancs étaient réservés pour les accusateurs, les accusés et leurs défenseurs.

La foule remplissait non-seulement le Forum, mais tous les lieux d'où l'on pouvait dominer et voir sur la place ; les maisons, les édifices publics des environs étaient couverts de monde. Quelques amis de l'accusé qui lui étaient restés fidèles, malgré l'énormité de son crime, avaient pu pénétrer dans le tribunal, où des scribes leur avaient cédé leurs places.

L'audience fut ouverte à la troisième heure du jour, un héraut monta sur la tribune et cita l'accusateur et l'accusé ; à ce moment, le murmure de la foule annonça l'arrivée de ce dernier. Il avait laissé croître sa barbe et ses cheveux ; il était vêtu d'une toge sale, usée et déchirée. Son air était humble, triste et découragé... nul de sa famille ne l'accompagnait, il était accusé de parricide.

Ses amis, vêtus de deuil et le visage en pleurs, suivaient en le soutenant du geste et de la voix. Ses amis ne croyaient pas au crime ; Catulus n'avait tué sa mère que par imprudence ou par égarement de sa raison.

La science n'avait pas alors des appréciations indulgentes pour justifier les crimes. On ne disait pas que l'accusé devait être fou ; il fallait prouver qu'il l'était. Ce n'est pas l'énormité du crime qui révélait la folie ; il fallait que la folie eût fait explosion avant ou pendant le crime, pour l'absoudre.

L'accusateur et l'accusé avaient épuisé, aux précédentes audiences, leurs moyens d'attaque et de défense ; c'était la dernière audience consacrée aux louangeurs.

Les amis de Catulus usèrent de la latitude laissée à la défense, et dix harangues furent prononcées en sa faveur ; ils vantèrent la douceur de son caractère, l'aménité de ses mœurs, la régularité de sa conduite, qui contrastaient avec le crime qu'on lui reprochait ;

une puissance inconnue, un dieu jaloux de son bonheur avait égaré sa raison et armé son bras d'un fer parricide ; Catulus avait frappé, mais il était innocent ; son désespoir n'était pas le remords d'un crime volontaire, il tenait à la terreur que lui inspirait l'horrible fatalité qui l'avait entraîné ...... et ses amis le recommandaient à la pitié de ses juges, et tous les louangeurs versaient d'abondantes larmes et tournaient leurs mains suppliantes vers le tribunal.

Le dernier orateur venait de prononcer la formule ordinaire *j'ai dit*, le héraut la répéta à haute voix : *ils ont dit*.

Et l'on distribua au tribunal des tablettes enduites de cire, et chaque juge y traça la lettre initiale de son vote.

Pendant qu'ils traçaient leurs suffrages, les louangeurs de Catulus défendaient encore leur ami auprès de ceux qui allaient disposer de sa vie ; on les voyait se dirigeant vers les juges qui leur paraissaient les plus mal disposés, les mains suppliantes, le visage inondé de larmes, se prosterner à leurs genoux et leur baiser les pieds.

Et à cette humble attitude des louangeurs, et à ces paroles suppliantes, la foule qui se passionnait contre le crime, la foule qui, d'après Juvénal, *semper odit damnatos* (maudit la victime), la foule, à qui il faut le spectacle du drame jusqu'au dénouement, répondait par des cris furieux que reproduisaient les échos du Forum.

L'accusé, sous la tribune, était en butte à la dérision et aux railleries du peuple.

Les juges jetèrent tous ensemble leurs tablettes dans une corbeille, et le quésiteur tira les bulletins. Trois bulletins portèrent les initiales N. L., *non liquet*. C'était le doute; il fallait une nouvelle instruction.

Dix bulletins portaient la lettre A., la lettre salutaire *absolvo*. C'étaient ceux que les louangeurs avaient entraînés. — Tous les autres, c'est-à-dire 68 bulletins, la lettre triste, la lettre fatale C., *condemno*.

Le quésiteur se leva d'un air triste et solennel, dépouilla sa toge blanche pour en prendre une brune en signe de deuil, et proclama l'arrêt de condamnation portant que le condamné « *serait cousu dans un sac de cuir de bœuf, avec un chien, un coq, une vipère et un singe, et jeté dans la mer ou le fleuve le plus proche.* »

Quelques cris déchirants se firent entendre! La foule les couvrit de ses immenses clameurs.

Les corps des condamnés étaient privés de sépulture, exposés devant la prison sur les degrés appelés *Gémonies;* ils étaient traînés dans les rues avec un crochet et jetés dans le Tibre.

« Les corps des parricides n'étaient pas jetés aux bêtes, dit Cicéron, de peur que, nourries de cette chair impie, elles ne devinssent plus féroces; ils n'étaient pas jetés nus dans le fleuve de peur que, portés à la mer, ils ne souillassent ses eaux destinées à purifier toutes les souillures. Le parricide achève de vivre sans pouvoir respirer l'air du ciel; il meurt, et la terre ne touche point ses os; agité par les va-

gues, il n'en est pas mouillé ; rejeté par la mer, il ne peut, après sa mort, reposer même sur les rochers. »
Dès que la sentence fut prononcée, les triumvirs capitaux s'emparèrent du condamné.

Si plus tard, en 774, Tibère fit rendre un sénatus-consulte pour qu'on différât pendant dix jours le supplice des condamnés, « néanmoins, dit Tacite, ni Tibère ne laissait au Sénat la liberté du repentir, ni le temps n'adoucissait les rigueurs du prince. »

Au moment où l'on mettait aux pieds du condamné des semelles de bois pour qu'il ne touchât plus la terre, cette mère commune, la grande Vestale traversait en litière le Forum pour se rendre au temple de Fascinus, dieu préservateur des maléfices, dont le culte lui était confié. Des licteurs la précédaient ; les magistrats firent abaisser leurs faisceaux devant elle. Les apprêts du supplice furent suspendus un moment. Si Catulus eût été dans ce moment *conduit* au supplice, cette rencontre, si elle eût été fortuite, aurait entraîné la grâce du condamné. Cette circonstance impressionna vivement la foule ; il y eut un moment d'émotion et de vague espérance ! ! Les dieux peut-être se prononçaient pour Catulus ?

La grande Vestale passa sans réclamer ce beau privilége de faire grâce. ....; les conditions de la loi n'étaient pas accomplies........ Catulus ne marchait pas encore au supplice........

La foule qui s'était tenue silencieuse et dans une attitude de respect, crut reconnaître dans cet accident une manifestation de la volonté céleste ; elle redoubla d'impatience ; ses cris devinrent des cris de fureur et de vengeance ; cet instinct de cruauté n'étonne pas chez un peuple qui donnait plus tard la chair et le sang des martyrs aux bêtes féroces ; qui, pour célébrer le triomphe de Trajan sur les Daces, immola dix mille gladiateurs et prolongea ces sanglantes fêtes pendant 123 jours.

Les funèbres apprêts furent continués ; la tête du condamné fut enveloppée dans une peau de loup, qu'on serra autour de son cou. On attacha après lui des clochettes pour avertir les passants d'éviter son contact, ce qui les souillerait et les obligerait à des expiations

Le criminel fut placé sur un chariot attelé de bœufs noirs, et on se dirigea vers le pont Sublicius; des exécuteurs armés de verges d'orme, teintes de son sang, ne cessèrent de le frapper jusqu'au lieu de l'exécution ; j'abrége ces douloureux détails : le sac fut recousu et jeté dans le Tibre.

La foule, tantôt railleuse, tantôt menaçante, avait suivi le lugubre cortége; le Tibre emporta le cadavre ; le spectacle était fini ; la foule retourna à ses travaux du jour.

Cette exécution immédiate après la sentence, a quelque chose qui étonne chez un peuple qui faisait intervenir les dieux dans tous les actes de la vie publique et privée, chez lequel, dit LACORDAIRE, il n'est guère de *chose puissante à laquelle il n'ait accordé le vêtement de la divinité.*

Il ne laissait pas un moment au repentir ; point

d'expiation morale. Le supplice avec ses lugubres apprêts faits en public, le supplice rapide, immédiat, pour frapper la foule de stupeur, pour imprimer l'exemple en caractères sanglants dans l'âme des spectateurs.

Il n'y avait point de pitié pour le condamné, la justice humaine s'arrogeait le pouvoir de la justice divine ; elle était inexorable et n'attendait pas les pleurs du repentir

On sacrifiait l'homme à l'utilité de l'exemple. La religion avait des cérémonies, mais elle n'avait ni principes, ni règles de morale.

Les Romains cependant admettaient le Tartare pour les méchants et les Champs Élysées pour ceux qui avaient bien vécu ; je vois chez eux une déesse de la vengeance, des Euménides pour exciter les remords dans l'âme des méchants et pour les châtier dans le Tartare ; ils ne donnaient pas de sépulture aux corps des condamnés, parce qu'ils croyaient que les âmes de ceux qui n'avaient pas reçu de sépulture n'étaient pas admises dans la demeure des ombres, ou que, du moins, elles erraient pendant cent ans sur les bords du Styx avant de pouvoir le passer....; et cependant le condamné était frappé sans pitié et son ombre apparaissait devant les juges des régions infernales, chargée du poids d'un crime que le remords aurait pu expier. Les Romains avaient fait la religion pour l'état ; ils n'avaient, dit Montesquieu, *proprement d'autre divinité que le génie de la République.*

Parmi tous ces temples élevés aux vices et aux passions, et parmi toutes ces images dans lesquelles l'invocation du prêtre *appelait une émanation de la nature divine* (LACORDAIRE), je cherche le temple du Dieu du pardon pour les condamnés ; je cherche une image aux pieds de laquelle le prêtre puisse déposer les secrets et les remords du coupable. Je ne trouve au Forum qu'un temple pour l'expiation, où l'on ne conduit pas le condamné ; j'y trouve encore un pontife pour maudire, un bourreau pour exécuter ; j'y cherche en vain un dieu qui accepte les larmes et le repentir comme expiation, un dieu qui pardonne.

Les Romains ne pardonnaient pas au coupable ; ils le poursuivaient après sa mort ; sa mémoire était vouée à l'infamie ; l'infamie s'attachait à la famille du condamné.

Ils n'avaient pas créé le Dieu de miséricorde.

Un Duel au XVIIIme Siècle de l'ère Chrétienne.

C'était en septembre 1769, un jeune homme gravissait rapidement le mont Genèvre, dans le Briançonnais ; il venait de quitter le sentier tracé sur la montagne et de s'enfoncer dans l'épaisseur du bois. Quelques indications mystérieusement disposées dans la forêt marquaient sa route. A mesure qu'il avançait vers le terme de sa course, ses précautions redoublaient ; ses regards inquiets consultaient la solitude qui l'entourait, il recevait avec effroi tous les bruits qui frappaient ses oreilles. Impatient d'arriver, et d'un autre côté craignant d'être surpris, sa marche était irrésolue, irrégulière. Après des détours sans nombre, il arriva dans un enfoncement que protégeait la saillie d'un rocher ; il se trouva en face d'un homme assis, accoudé sur ses genoux et absorbé dans ses réflexions. Le bruit que fit en tombant le paquet que jeta le voyageur fit tressaillir cet homme, il leva les yeux, tendit la main à celui qui arrivait, et l'interrogeant avec ce ton d'hésitation qui redoute une réponse défavorable : Eh bien ! Arthur ?

— Les nouvelles, Raymond, sont toujours mauvaises ; mais avant de causer de ces tristes affaires, j'ai à te parler de ta famille, de ta pauvre mère surtout !... Arthur de Belmont chercha par des détails affectueux sur la famille de son malheureux ami, à consoler ce cœur irrité par des poursuites qui blessaient sa raison et dont la solitude augmentait encore l'exaspération.

Ce récit amena quelques larmes sur les joues du fugitif ; mais son âme ne s'ouvrit un moment à ce doux souvenir de famille que pour concentrer, plus violente et plus profonde, la haine qu'il portait à ceux qui lui imposaient la fuite du criminel; il avait assez des affections douces, il n'aspirait pas au calme; ses regards impatients, le sourire de dédain qui plissait sa bouche, ses mouvements brusques et précipités indiquèrent à Arthur que, pour apaiser le cœur de son ami, il fallait ne pas comprimer la haine, mais la faire éclater.

A présent, dit Arthur, des détails sur ton affaire?

— Oui, oui, des détails! Que feront-ils de moi, de mon nom, de mon honneur?

— Les règlements sur les duels sont impitoyables, ajouta Arthur. On ne te pardonne pas de n'avoir pas comparu devant la cour d'honneur des maréchaux de France, pour demander justice de l'offense que tu avais reçue du comte de Montvert.

— Devant la cour d'honneur! Mais qui donc peut juger l'offense, si ce n'est l'offensé? Et lorsque la cour d'honneur aurait condamné le comte de Montvert à trois mois de prison, pour m'avoir dit en face et sous les armes que « mon père avait été lâche et avait trahi sa patrie, » je devais être satisfait? Oui, satisfait! Car il n'avait pas même à me demander pardon de son offense, parce que j'avais répondu à ses injures par des injures pareilles! Loi ridicule et dérisoire qui, sous prétexte de maintenir notre honneur, le flétrit et le brise! Non, je n'ai pas voulu leur confier le soin de venger mon honneur! non, je n'ai pas voulu suivre les archers et les gardes de la connétablie et la maréchaussée. Singulière escorte pour des gentilshommes! singuliers introducteurs pour des gens de guerre, et devant une cour d'honneur composée de maréchaux! Réduire la réparation aux étroites proportions d'une peine correctionnelle, c'est peut-être satisfaire la loi, mais ce n'est pas guérir la blessure de l'offensé. Je n'ai pas voulu accepter un remède irritant qui publie l'outrage et ne satisfait pas l'honneur.

— Je te comprends, Raymond, et cependant lorsque la loi veut substituer aux passions individuelles, aux vengeances personnelles de l'offensé, l'appréciation calme et réfléchie des juges qu'elle choisit parmi ceux qui doivent mieux comprendre le point d'honneur, l'obéissance n'est pas un oubli de sa dignité ; c'est un hommage à la loi et à la religion ; c'est le triomphe de la raison sur nos passions, de la justice sur la vengeance.

— La religion et la loi quant au duel sont choses mobiles et arbitraires, mon cher Arthur ; je m'instruis dans ma retraite. Persécuté à cause d'un duel, je ne puis m'occuper que du sujet de ma douleur. J'emploie les cruels loisirs qu'ils me donnent à étudier l'origine des duels, et j'ai raison de dire qu'en cette matière la religion et la loi furent toujours chose arbitraire. Anciennement, le duel était autorisé en certains cas ; dans les questions douteuses, la justice même l'ordonnait ; on l'acceptait comme preuve juridique. Il était tellement dans les mœurs, que Louis VII, pour en déraciner l'usage, ordonna (1168) que, pour une dette de cinq sous et au-dessous qui serait niée, il n'y aurait plus de duel. Saint Louis interdit le duel dans ses domaines ; les seigneurs refusèrent de se conformer dans les terres de leur juridiction aux prescriptions imposées par Saint Louis dans les siennes. Philippe le Bel le défendit en 1303, et cette défense fut si peu sérieuse et on se battait pour si peu de chose, que Charles VI défendit d'en venir aux mains sans cause raisonnable.

— Oui, je comprends cette législation.. : sans cause raisonnable ! Oui ! mais lorsque la blessure est au cœur, lorsque l'outrage s'adresse au chef de la famille, il y a cause raisonnable. Alors, c'est à la raison à obéir au cœur ; c'est le cœur qui est la cour d'honneur.

— Oui, mon cher Raymond, tu parles d'une époque où, par un point d'honneur exagéré et ridicule, on donnait aux éventualités d'un combat singulier, l'autorité et la certitude d'une preuve, où les torts les plus légers s'expiaient par le sang, où l'adresse et l'habileté remplaçaient la raison et la justice. Tous les actes de la vie juridique étaient gouvernés par le point d'honneur. Tous les faits démentis entraînaient le duel.

Le duel dans les combats judiciaires était poussé à l'absurde.

Sans blâmer la résolution que t'a inspirée ton courage, je crois que les ordonnances rendues depuis Henri II contre les duels sont plus conformes aux règles de la religion et de la morale ; et que la loi est juste qui ne laisse pas aux hasards de la lutte la vie de nos semblables.

— Depuis Henri II? cher Arthur ! faiblesse et pitié ! Dans ce duel que Henri II a permis à Saint-Germain entre la Chataigneraie et de Jarnac, et auquel il a assisté, le hasard a dicté le serment solennel que fit Henri II de ne jamais accorder ces sortes de permissions. Si de Jarnac eût été un favori du roi, les duels n'auraient pas été défendus ; il a voulu solenniser le désespoir du vaincu. Ce n'est pas une loi contre le duel qu'il a rendue ; c'est un monument qu'il a voulu élever à la mémoire d'un favori.

— C'est à des motifs plus sérieux, Raymond, que nous devons le maintien des ordonnances sur le duel, et le souvenir du favori de Henri II n'inspirait ni Henri IV, ni Louis XIII, ni Louis XIV ; et il fallait un remède bien énergique à la fureur du duel pour que le Roi régnant ait fait serment à son sacre de n'accorder aucune grâce à ceux qui se rendraient coupables de ce crime...

— Oui, Arthur, dit Raymond en frémissant de colère, oui, je connais ce redoutable serment.

Sous ce serment de nos rois périra l'honneur français ; en assimilant le duel à un crime de lèse-majesté, ils l'ont presque sanctifié ; en élevant la peine jusqu'à cette hauteur, ils ont fait gagner au duel tout ce qu'a perdu la dignité royale.

Comprends-tu, Arthur, que moi qui aurais donné ma vie pour mon Roi, qui la donnerais encore, j'aie cependant, par cette détestable assimilation, attenté à la majesté royale, pour avoir vengé, dans le sang de l'offenseur, l'outrage fait à mon père ? et tu ne veux pas que ma raison se soulève contre ces lois barbares et impitoyables? Point de pardon pour le soldat, pour le gentilhomme qui venge l'outrage fait au chef de sa famille ! Il faut que celui dont la main s'appuie toujours sur la garde de son épée, le jour où il est offensé, remette humblement cette épée à des juges, chargés, par occasion, de la réparation de son honneur ! Il faut que sous l'impression de l'outrage qu'il vient de recevoir, et lorsque l'instinct de l'honneur l'entraîne, il s'arrête, sublime comme le Christ, devant le précepte religieux qui commande le pardon de l'offense... C'est impossible ; la loi ne peut pas régler l'honneur... Oh ! je te le répète, Arthur, sous ce serment de nos rois périra l'honneur français ! —

Arthur ne répondit pas.

— Oh ! je connais, continua Raymond avec désespoir, je connais l'avenir qu'ils me préparent : la mort, s'ils me prennent, l'exil, si je leur échappe ; mais la honte toujours !

L'infamie s'attache à mes armes noircies et brisées ; l'ignominie à mon nom !

Tout criminel, le parricide même, prescrit sa peine. Il a semblé à la loi que trente ans de souffrances, de tortures et d'exil, étaient une expiation suffisante. Il faut au duel la vie entière du coupable pour expiation. Voilà le cercle de fer tracé autour de moi. Si encore on ne m'enlevait que la vie, je volerais avec bonheur au devant du supplice ! mais avec la vie, on me dégradera de noblesse ; mes armes seront brisées par le bourreau ; nul ne pourra les relever sous peine de les voir de nouveau noircies et brisées ; la mort ne me sauverait pas de l'ignominie. Mais si je vis, si je fuis, à quelle existence suis-je condamné ? Dépouillé de ma fortune, de mon nom, de mon épée, de mon honneur, où vais-je traîner le poids de ma dégradation ? Ils vont me mettre hors la loi.... hors la loi... —

Un sourire sinistre effleura les lèvres de Raymond ; il comprima fortement entre ses mains sa tête que la douleur brisait ; il se tut, affaissé, anéanti.

Après un long silence, Raymond reprit :

— Mon sort sera décidé plus tard ; le désespoir me conseillera, et peut-être il me conseillera mieux que l'honneur.

Mais qu'a-t-on fait du corps de mon adversaire ? Je ne puis pas croire à la procédure monstrueuse dont tu me parlais dans ta dernière visite. Non, non, il n'est pas possible que la loi, comme une furie vengeresse, s'attache au cadavre pour lui infliger un supplice, s'attache à la mémoire d'un mort pour la flétrir ; non, la mort éteint le crime ; la justice de l'homme s'arrête au cadavre.

— Hélas ! Raymond, il n'en est pas ainsi ; c'est par la nécessité de l'exemple qu'ils expliquent cette procédure réservée pour les grands crimes. Oui, j'ai vu la justice recueillir avec soin le cadavre du malheureux de Montvert, que nous n'avons pas eu le temps de soustraire à ses investigations. Le corps a été embaumé et conservé pour pouvoir subir, et la procédure criminelle, et la condamnation si le défunt était déclaré coupable...

— Mais c'est une indigne profanation, Arthur ; mais une loi est infâme qui se joue des choses saintes ! Embaumer un cadavre pour le livrer au supplice, c'est une cruauté qui blesse autant la morale que la religion. La justice s'acharner sur un cadavre, c'est de la barbarie et de l'impiété ! Pauvre Montvert ! je me sens pris de pitié pour l'outrage qu'on fait à sa mémoire. Il s'est battu en homme d'honneur ; Dieu sera plus miséricordieux que la justice des hommes. Oh ! mon ami, lorsqu'ils auront assez assouvi la vengeance légale sur le cadavre, ils le rendront sans doute à la terre... Une prière, Arthur : que sur ce corps il y ait une pierre tumulaire où sera gravé le nom de mon malheureux adversaire ! mon honneur réparé, je dois ce souvenir à mon frère d'armes.

— Que ne puis-je, Raymond, céder à ta noble inspiration ! Mais tu ne sais pas jusqu'où la loi poursuit l'expiation du duel ; mon cœur se brise en y songeant. Ecoute ! le procès a été fait au cadavre de Montvert dans la personne d'un curateur ; mais c'est le cadavre qui a été condamné ; il a été traîné sur une claie, la face contre terre, dans les rues et les carrefours de Grenoble ; ensuite, il a été pendu à une potence par les pieds, et... et traîné à la voirie !

— A la voirie ! s'écria Raymond, à la voirie le comte de Montvert ! C'est donc là le champ de repos que la loi ménage à de braves gentilshommes !

C'est là l'asile sacré que la faveur royale réserve à ceux qu'a entraînés le point d'honneur ! C'est une vengeance puérile et infâme ; ce supplice déshonore la loi, la royauté et la religion : la loi, parce qu'elle se venge sur un cadavre ; la royauté, parce qu'elle ne pardonne pas, même après la mort ; la religion, parce qu'elle oublie que la sépulture est une œuvre de miséricorde.

Voilà donc toutes les grandes puissances de ce monde réunies contre moi pour avoir vengé dans le sang l'honneur de mon père !

Je n'ai plus de famille, plus de nom ; je suis hors la loi ! je suis une bête fauve que les archers doivent traquer sans merci ni miséricorde, une chose vile qu'on peut anéantir !

La justice a brisé mon épée et le roi s'interdit de me la rendre ; pour moi, il n'y a plus de patrie ; mon sang est trop vil aujourd'hui pour le donner à la France.

Et si l'âme brisée par la douleur, je veux porter dans le silence du cloître mes illusions détruites et mes tortures, si Dieu, dans sa clémence, m'appelle à lui, s'il me permet d'effacer par mes larmes les traces du sang que j'ai versé !!!... ces pieux asiles vont s'ouvrir devant moi ; une main amie va me conduire doucement aux pieds de la croix ! un ministre de Dieu sera là, empressé et heureux de me soutenir dans ma résolution ! il va découvrir à mon cœur ému les trésors de la bonté divine ! oh ! je le savais bien que la religion ne me tromperait pas !!!

Eh bien ! non, Arthur, cet asile ne s'ouvrira pas devant mon repentir ; ils ont fait aussi la religion inexorable. Le signe rédempteur de notre religion n'est plus l'emblème du sacrifice. Le Christ mourant sur la croix n'est plus le Dieu qui expie nos fautes et pardonne au pécheur !

C'est un Dieu de colère et de vengeance ; ses ministres doivent être les impitoyables auxiliaires d'une loi de haine et de sang ! ils seraient complices de mon crime s'ils me recevaient dans leur sein ! on leur laisse la triste faveur de m'assister à mes derniers moments ; mais *après* ma condamnation. Je suis séparé de la communion des fidèles. Pour un criminel comme moi, il n'y a ni pardon ni pitié ! je n'ai pas droit au repentir ; mes remords ne suffiraient pas à l'expiation.. il leur faut ma tête ! —

Et le désespoir de Raymond s'exhala long-temps encore devant son ami.

Arthur ne le quitta que lorsqu'il crut avoir laissé un peu de calme dans cette âme ulcérée. Il chercha à lui faire comprendre que la religion condamne et punit le duel, parce que la religion appelle l'homme à la perfection qui peut le rapprocher de Dieu ; que le pardon d'une grave offense est le sacrifice le plus cher à Dieu, puisqu'il indique le triomphe de l'homme sur ses passions ; que si des peines graves sont prononcées par l'Église contre les duellistes, la religion n'est jamais inexorable ; et que, pour elle, le repentir sincère est une expiation suffisante...

Et Raymond écouta et se tut.

Huit jours après, on publiait dans Grenoble un arrêt du parlement par lequel la cour, chambres assemblées, « Dit la contumace bien instruite contre Raymond de Saint-Aubry, le déclare atteint et convaincu des crimes de duel, de s'être rendu au lieu du combat avec des précautions défensives et d'avoir traîtreusement assassiné, de plusieurs coups d'épée, le capitaine de Montvert ;

» Pour réparation de quoi, déclare ledit Saint-Aubry privé et déchu de son état d'officier du roi, le dégrade de noblesse, le déclare infâme, et le condamne à être livré entre les mains de l'exécuteur de la haute justice pour être par lui traduit en la ville de Grenoble, et là, en chemise, tête nue, la corde au cou, ayant au poing une torche ardente de cire jaune du poids de 2 livres, être conduit devant la porte de la principale église, où, à genoux, il déclarera que, méchamment et traîtreusement, il a assassiné en duel ledit sieur de Montvert, et qu'il en demande pardon à Dieu, au roi et à la justice ;

» Et de suite, ordonne que ledit Raymond Saint-Aubry sera conduit à la place principale de la ville pour y avoir les bras, jambes, cuisses et reins rompus sur un échafaud, qui sera dressé à cet effet ; et ensuite mis sur une roue, la face tournée vers le ciel, pour y rester jusqu'à ce que mort s'en suive ; ses armes préalablement noircies et brisées en sa présence ; ordonne que sa mémoire demeurera éteinte et supprimée à perpétuité ;

» Et en ce qui concerne Bernard, domestique dudit sieur Aubry, le condamne, pour avoir accompagné son maître, et favorisé son crime, à tenir prison pendant un an, et ensuite à servir le roi sur les galères comme forçat pendant quatre ans, étant préalablement flétri par l'exécuteur sur l'épaule droite... »

Et trois semaines après, dans la partie la plus écartée du cimetière, à l'entrée de la nuit, une femme en deuil pleurait sur une tombe à peine fermée ; une pierre portait ce seul nom : « Raymond. » Le dévouement d'un ami, l'ingénieux mensonge d'une mère, avaient dérobé ces chères dépouilles à la vengeance de la loi. Le corps de Raymond reposait en terre sainte, malgré le double crime qui l'en écartait, le duel et le suicide. Dieu pardonne tout au cœur d'une mère !

Raymond avait laissé, en mourant, ces mots adressés à son ami :

« Je meurs victime d'une loi barbare. Si je vis,
» l'ignominie s'attache à mon nom ; si je me livre au
» bourreau, la honte s'attache à ma mémoire ; mon
» arrêt est fatal, inévitable ; les tortures de l'exil ne
» peuvent pas expier mon crime ; il est imprescrip-
» tible ; le Souverain a renoncé contre moi à cette

» prérogative qui le rapproche de Dieu : celle de faire
» grâce.

» Le ministre de la religion ne peut pas, sous peine
» de trahir le roi et la justice, recevoir dans son sein
» le repentir de ma faute et faire descendre le par-
» don sur mon front humilié et repentant.

» Et pourtant, Arthur, j'emporte en mourant l'es-
» pérance de la miséricorde de Dieu !..... je par-
» donne !!! Dieu recevra mon expiation, car avant de
» mourir, j'ai élevé mon cœur vers lui dans un acte
» de fervente contrition. »

Ici encore la loi se vengeait, car elle s'acharnait sur un cadavre, car elle flétrissait la mémoire du condamné.

Ici encore la honte de la condamnation s'attachait, par la volonté de la loi, à la famille du condamné.

La loi était impitoyable, la religion impuissante.

Une Condamnation au XIXme Siècle de l'ère Chrétienne.

Dans l'année 1844 plusieurs assassinats avaient été commis dans le département du Var, dans ce département qui ne profite pas des exemples terribles et sanglants que la justice y donne fréquemment sur l'échafaud.

Dans un village de l'arrondissement de Grasse, Nicolas Sicrad, propriétaire aisé, père de famille, entraîné dans des amours adultères, était accusé d'avoir, de complicité avec sa maîtresse, attenté à la vie du mari de celle-ci ; on avait trouvé le sieur Gorjo pendu dans son grenier à foin.

Y avait-il suicide ? y avait-il crime ?

L'opinion publique repoussait le suicide ; les investigations de la science confirmaient l'opinion publique. Il y avait crime ; quels étaient les coupables ? Après une information longue et scrupuleuse, après de solennels débats, pendant lesquels les accusés s'étaient enfermés dans les dénégations les plus absolues et les plus énergiques, le jury rendit son verdict.

Sicrad et la femme Gorjo étaient condamnés à mort.

La sentence avait été rendue au milieu de la nuit.

Condamnés, juges et spectateurs étaient sous l'impression de la terreur que laisse aux esprits l'appareil de la puissance publique, au moment d'une condamnation à mort. La femme Gorjo s'évanouit et fut emportée ; Sicrad se leva brusquement, soulevé par le désespoir, il ferma ses mains crispées, étendit ses bras vers les jurés, et de sa poitrine gonflée par la haine s'échappa ce mot qui vint expirer sur ses lèvres : *merci !*

Il fut entraîné ; pendant le trajet et pendant cette première nuit son désespoir éclata en imprécations violentes contre les témoins, contre les juges, contre sa complice, contre sa victime.

La foule émue et terrifiée par le mot ironiquement cruel du condamné, *merci!..* hésitait. Etait-ce le premier cri de désespoir du coupable qui commence à expier son crime?... Etait-ce l'anathème de l'innocent lancé sur des juges trompés?

Le magistrat, à qui la loi avait confié la redoutable mission de demander la peine de mort contre l'accusé, restait douloureusement impressionné par cette dernière scène. — Éloigné de l'arène judiciaire, rendu aux réflexions de l'isolement, seul avec sa conscience et avec le souvenir d'un homme que la loi venait de frapper, ce magistrat cherchait à se raffermir contre la pensée d'une erreur judiciaire. Il prenait Dieu à témoin de la sincérité de sa conviction ; il avait examiné sans passion, avec lenteur et scrupule ; sa conviction était profonde! il n'avait pas pu se tromper!!! et dans cette conscience pure et rigide le trouble se mêlait à la douleur ; et si, enfin, les apparences, pour se jouer de sa fragile raison, avaient pris tous les caractères de la vérité! si les condamnés n'étaient pas coupables! Et le doute se formait au fond de cette conscience honnête... le doute, ce tourment du magistrat, le doute qui ne se dissipe complétement que devant l'aveu et les remords du coupable!

Et pendant que le magistrat se débat, triste et soucieux contre ces derniers souvenirs de l'audience, voyez dans le temple du Seigneur un de ses pieux ministres se prosterner dans le sanctuaire! comme sa prière se prolonge! comme ses mains s'élèvent suppliantes! avec quelle ferveur sa parole monte vers le Dieu de miséricorde! Ce n'est pas l'heure encore où les fidèles viennent rendre à Dieu leurs actions de grâces... le temple est fermé. Ce n'est pas à un acte ordinaire de ses fonctions que se prépare le ministre des autels; pour remplir une mission extraordinaire, il a besoin de demander à Dieu la foi vive qui éclaire, la charité douce qui persuade, l'éloquence du cœur qui entraîne.

La sentence de mort rendue il y a quelques heures, lui est connue, et déjà il veut être auprès du condamné! Il est plein de confiance et d'amour; il va seul et désarmé dans la prison où rugit le condamné; il veut tendre la main à celui que la loi vient de frapper; il veut s'asseoir dans le cachot auprès de l'infortuné, et solliciter une intimité qui commencera par l'outrage et se dénouera à l'échafaud.

Voilà le puissant de la terre devant lequel le ministre de Dieu vient se présenter humble et suppliant; voilà la haute amitié qu'il convoite; voilà les plaisirs qu'il sollicite!

Orgueilleux contempteurs de la religion, qui, pour l'attaquer avec audace, ne voulez la voir que sous la pourpre du prélat, venez la voir, simple et sublime au chevet du pauvre malade, dans les asiles de la souffrance et de la charité; venez la voir et l'aimer dans la solitude du cachot, aux pieds et sur les chaînes du condamné à mort!

La dernière porte du cachot vient de s'ouvrir et le prêtre est sur le seuil. Le guichetier se retire et referme une porte devant laquelle veille un factionnaire; le cachot aujourd'hui n'est plus un endroit obscur, bas et humide; il est placé dans le lieu le plus sain, le plus élevé et le plus éclairé de la prison. L'humanité n'a pas eu besoin, pour faire cette concession, des inspirations de la philanthropie.

Sicrad était couché sur son grabat. Une chaîne, partant d'un anneau scellé au mur, entourait le condamné et ne lui laissait qu'une certaine liberté de mouvement; un escabeau était placé près de lui. Voilà la scène sur laquelle va s'engager la lutte entre le désespoir et la foi! voilà le temple dans lequel le prêtre vient adorer le Dieu des chrétiens! et pour lui, ce temple s'illumine de clartés divines!!! Il s'approche du condamné avec confiance, et comme un ancien ami; assis près de lui, il soulève et met sur ses genoux quelques anneaux de cette lourde chaîne qui pèse sur le condamné, comme pour se river aux mêmes fers, aux mêmes souffrances, au même désespoir.

Son regard se fixe avec bienveillance sur le condamné. Sa voix, inspirée par la charité, fait entendre des paroles de consolation ; ce n'est pas encore la voix grave du ministre qui interroge la conscience ; ce n'est pas la voix solennelle du juge qui absout ; c'est la voix émue d'un ami qui vient souffrir et pleurer avec un ami.

Sicrad est étonné ; sa figure porte l'empreinte des passions violentes dont l'explosion s'achève à peine. La haine est dans ses regards, l'imprécation sur sa bouche.

Son désespoir n'est pas apaisé, il ne se tait que par lassitude ; mais les passions haineuses fermentent et bouillonnent dans ce cœur ulcéré.

Aux premières paroles du prêtre, le désespoir du condamné se ravive, la sentence fatale se reproduit à ses yeux en lettres de sang. Les imprécations qu'il jetait à la solitude de son cachot, il peut les décharger sur un être vivant, sur son semblable, et c'est sur le ministre de la religion qu'il laisse tomber sa haine et sa fureur. Il éclate en mépris contre cette religion qui n'a pas su éclairer ses juges, et qui est complice de l'assassinat que la loi commet sur sa personne ! il laissera sur toutes les consciences le poids écrasant d'une erreur judiciaire !.. il est innocent !

La présence du prêtre est un outrage ; victime de la justice, il n'a pas à se repentir ! il n'a pas de consolations à recevoir ! c'est à ses juges à mourir sous la honte et les remords !

La tête de Sicrad s'exalte, et il veut à force de cris, de violence et d'emportements, chasser le souvenir de son crime. Dans son hallucination, il lui semble qu'en persuadant aux autres qu'il est innocent, il étouffera cette voix intérieure qui lui crie sans cesse le nom de sa victime.

Et c'est au milieu de ces outrages, de ces paroles

heurtées, de ces imprécations, c'est tantôt avec des sanglots et des hurlements, tantôt avec des éclats de rire convulsifs, que le condamné proclame son innocence.

Dans cette exaltation furieuse, le prêtre a deviné le trouble de la conscience ; il attend l'heure du repentir.

Le condamné a vivement fait retomber sur lui la chaîne que portait le prêtre ; il a repoussé son assistance en l'outrageant, et il a détourné la tête.

Le prêtre n'a opposé à ces injures que résignation et douceur. Sa parole est descendue sur le condamné plus douce, plus pénétrante, et lorsque l'heure de la séparation est venue, il a tendu la main à Sicrad et lui a dit, avec une angélique bonté : *à revoir, mon ami* ; et Sicrad a répondu par un haussement d'épaules.

Le condamné est seul ; cette exaltation fébrile, pendant laquelle tant de passions diverses se sont heurtées dans sa tête, commence à s'apaiser ; à côté de ce mot sanglant *condamnation*, se reproduisent dans son souvenir les paroles affectueuses du prêtre ; il l'a appelé son ami, il lui a tendu la main, à lui rejeté de la société, à lui frappé, à lui condamné ! N'est-ce pas une dérision, un outrage ? Non, non !.. ses regards, sa voix... son attitude...; il me resterait un ami !

Dès ce moment, commence pour le condamné cette lutte sombre et mystérieuse qui s'engage dans l'abîme de la conscience ; lutte entre le crime et le repentir.

Moment solennel et décisif ! alternative terrible ! le condamné, s'exaltant par son isolement, peut s'attacher avec fureur au souvenir de son crime en haine de ses juges, et étouffer, sous le cri de ses passions haineuses, la voix de la conscience ; ou bien, cessant un combat désespéré et ne pouvant plus résister à ses remords, il commence à comprendre l'horreur de son crime ; il voudrait oublier les paroles du prêtre pour ne songer qu'à ses ressentiments, et malgré lui, cette voix retentit sans cesse dans son souvenir ; il commence à s'étonner des passions qui l'ont entraîné vers le crime, et si la violence de ses amours adultères le jette encore dans le trouble et le délire, déjà l'image de la victime se mêle à ce souvenir ; il ne regrette pas encore son crime, mais il y réfléchit ; il n'est plus désormais sous la domination tyrannique de la passion qui l'entraîna.

La lutte est engagée dans sa conscience, et cette lutte que ni la tourmente des débats, ni la condamnation n'ont pu soulever, cette lutte que l'isolement du cachot eût peut-être étouffée, elle vient se déclarer sous la voix inspirée du prêtre.

Le lendemain, l'ami du condamné vient reprendre sa place. Sicrad ne parle plus de son innocence avec le même emportement ; s'il se dit encore innocent, c'est pour maudire ses juges. Le prêtre, dans sa simple et droite raison, a compris que la haine contre le juge est presque l'aveu du crime ; aussi, est-ce toujours vers les circonstances du crime qu'il ramène la conversation, vers l'amertume des plaisirs consommés, vers le vide du cœur, vers le trouble des souvenirs ; il n'accuse pas... il décrit le bonheur et le calme d'une conscience pure ; il place à côté de la justice humaine, qui veut l'expiation par la peine, la justice de Dieu qui la sollicite par le repentir... il n'accuse pas !!!... Si la justice des hommes s'est égarée, il invoque la miséricorde divine qui ne faillit jamais; il ne demande rien à son compagnon de chaîne que de s'unir à lui dans son imploration à Dieu.

Et cette espérance du pardon descend comme un baume consolateur dans cette âme criminelle. Aux agitations tumultueuses de la passion succède le doute ; il ne croit pas encore au pardon de Dieu, parce qu'il n'a pas encore le repentir de son crime ; mais l'orgueil du crime a cédé, et en quittant le cœur du condamné, il y a déposé le remords. Dans son âme émue, il entend à côté de la voix du repentir qui commence et qui déjà déchire, la voix de la religion qui relève et qui déjà console.

Quand le prêtre l'a quitté, Sicrad a pressé sa main et lui a dit, à voix basse : *à revoir.*

Et le lendemain, ce ne sont plus des violences et des emportements; la figure du condamné porte l'empreinte de la lutte qui est engagée au fond de sa conscience : des secousses nerveuses l'agitent, quelques paroles à peine articulées, des gémissements s'échappent avec effort de sa poitrine oppressée... et l'on voit à de rares intervalles, quelques mouvements impatients de la tête comme pour repousser l'approche des remords..., et puis, la réflexion, l'affaissement, la prostration morale !

A ces symptômes heureux, le prêtre a reconnu l'influence de la puissance divine ; il remercie Dieu avec une reconnaissante ferveur ; il puise dans la prière la force de continuer sa pieuse mission.

Le condamné ne voulait pas se pourvoir contre son arrêt ; il voulait, en subissant sa peine tout de suite, laisser sur ses juges le poids d'une condamnation injuste ; et aujourd'hui, il s'abandonne au dévouement de son nouvel ami et à la sollicitude de la défense.

Pendant les jours suivants, s'établissent entre le ministre de Dieu et le condamné ces rapports mystérieux et touchants qui préparent, d'un côté, l'aveu de la faute, de l'autre, la promesse du pardon. Ces cris d'une conscience troublée, cette explosion du remords, cette première horreur du crime qui éclate en brisements de poitrine et en sanglots, c'est le prêtre qui les reçoit dans son immense charité ! c'est lui qui, le premier, pleure avec le condamné, et qui, à travers ses larmes, laisse espérer le pardon ; le pardon ! cette sublime expiation de la justice de Dieu ; ce mot chrétien qui place une auréole sur le front du condamné, et qui élèvera peut-être parmi les élus du Seigneur celui que le glaive de l'homme a brisé.

L'infortuné vient d'adresser une prière à son ami ; il exprime le désir de voir le magistrat qui a requis contre lui la peine de mort.

Le magistrat averti se rend à ce désir ; il s'arrête,

froid et grave sur le seuil de la porte du cachot ; il invite le prêtre à se retirer un instant ; non ! non ! s'écrie le condamné d'une voix suppliante, qu'il reste auprès de moi !

Et tenant dans sa main la main du prêtre, il ajoute : « Recevez l'aveu de mon crime ; que votre conscience » se rassure, je suis coupable ; donnez-moi aussi votre » pardon. » Et là, où quelques jours auparavant retentissaient les rugissements du désespoir, on entend les gémissements du repentir. Le magistrat, qui était venu pour entendre une plainte ou une réclamation et qui vient de recueillir un aveu, jette un regard de reconnaissance sur le ministre de la religion. Le mandat de rigueur que lui avait donné la société est fini ; il se laisse aller librement aux émotions que soulève une grande infortune ; et lui aussi, presse, en pleurant la main du condamné. Sa voix émue et affectueuse laisse tomber en abondance des paroles de consolation sur le cœur où vibre encore le souvenir de la réquisition de mort.

Le magistrat, entraîné par son émotion, venait de murmurer le mot de grâce ; le condamné l'interrompit : « Non ! non ! je n'ai rien à espérer de la justice
» des hommes ; ma mort seule peut expier mon crime ;
» je ne demande que le temps de me réconcilier avec
» Dieu ; c'est à lui à me faire miséricorde. L'idée du
» supplice ne m'effraie plus ; l'horreur de mon crime
» m'inspire le courage de l'expiation. — Je ne pense
» plus à moi ; mais mes enfants !!! mon Dieu ! »

Le condamné éclata en sanglots :

« Je sais bien, dit-il en se retournant vers le prê-
» tre, que si la religion me pardonne à cause de mon
» repentir et des souffrances que me donnent mes re-
» mords, ce pardon rejaillira sur mes pauvres en-
» fants !... mais la loi ! pourquoi serait-elle impi-
» toyable ? pourquoi perpétuer le souvenir de mon
» crime ? pourquoi ne pas laisser l'expiation sur moi
» seul ? pourquoi faut-il qu'ils lisent dans l'acte de
» décès de leur père le genre de mort qu'il a subi ?...
» mon Dieu ! »

« Rassurez-vous, s'écria le magistrat, il n'en sera
» point ainsi ! La loi moderne n'a pas voulu affliger
» les familles par une mention injuste qui frapperait
» des innocents. Nos lois ne flétrissent ni la mémoire
» ni la famille du condamné ; l'infamie du supplice ne
» poursuit pas dans le tombeau le coupable qui a sa-
» tisfait à la loi. Oui, dit le magistrat avec orgueil,
» cette disposition qui défend de mentionner le genre
» de mort dans les actes de l'état civil est une inspi-
» ration de la religion et digne d'une nation humaine
» et éclairée ; elle servira à éteindre le préjugé injuste
» qui étend à une famille entière la faute d'un de ses
» membres. »

Sicrad accueillit cette explication avec une incroyable sentiment de bonheur. La réaction du repentir, sous l'influence de la religion, avait violemment ramené dans son cœur l'image sainte de la famille. S'il n'osait encore parler de celle qu'il avait si indignement outragée, de la mère de ses enfants, il parlait au contraire avec transport et délire de ses enfants et de sa vieille mère. La pensée de la honte qui devait poursuivre sa mémoire le troublait amèrement.

Aussi, après les paroles du magistrat, sa figure rayonna de contentement; il leva vers le ciel un regard inspiré et s'écria : « Mon Dieu! *je suis prêt.* »

Le magistrat se retira profondément ému. Cet aveu n'ajoutait rien à sa conviction, et cependant sa conscience en avait besoin : il y a tant de fragilité dans la certitude humaine que le magistrat saisit toujours avec reconnaissance tout ce qui peut l'éclairer et la raffermir.

Quelques jours après, Sicrad, dégagé de ses liens, n'ayant pour escorte que le prêtre, descendait dans la chapelle de la prison; il était agenouillé, repentant et brisé, aux pieds de l'autel; et, après la messe, il fit à haute voix une prière dans laquelle il demandait à Dieu le pardon de son crime. A cette prière, prononcée d'une voix que soutenait l'espérance, on entendit de l'autre côté de l'autel, à travers des gémissements et des sanglots, une voix faible qui murmura les mêmes paroles; c'était la voix de celle qui fut la complice de ses désordres et de son crime! Le ministre de Dieu a voulu les rapprocher un moment, et pour la dernière fois, afin qu'ils unissent leurs remords et leurs prières! il a demandé pour eux la même miséricorde.

Et lorsque la prière a été finie, le prêtre les a rapprochés de lui ; et là, à genoux, accablés par les remords, les yeux fixés vers la terre, d'une voix étouffée par les sanglots, ils se sont mutuellement demandé pardon de leur crime et se sont offerts en expiation, et leurs mains se sont unies dans celles du prêtre comme pour attester la sincérité du sacrifice.

Après cette douloureuse épreuve, la sainte mission du prêtre est devenue plus facile sans doute ; il est reçu comme l'ami le plus tendre, le plus dévoué ; il a commandé le repentir par l'onction de ses paroles ; aujourd'hui, par la ferveur de ses prières, il sollicite le pardon divin : homme, il ne pourrait que consoler ; ministre de Dieu, il pourra pardonner ; homme, il ne pourrait qu'espérer la grâce incertaine du souverain ; prêtre, il promet la miséricorde de Dieu.

Lorsque plus tard toute espérance est perdue ; lorsque le rejet du pourvoi et de la grâce annonce que la justice des hommes veut sa dernière et sanglante expiation, le condamné est résigné ; appuyé sur son ami, il verse dans son âme les derniers épanchements de ses remords et lui confie ses espérances dans la clémence divine. C'est lui à présent, c'est le condamné qui soutient et console le prêtre. A cette heure suprême de la séparation, c'est le cœur du prêtre qui se brise. Cet homme à qui il a inspiré l'horreur de son crime, qu'il a ramené aux sentiments honnêtes, dont il a pardonné les fautes, dont il a consolé les douleurs, dont il a préparé la grâce, cet homme, ce condamné, ce coupable, c'est pour lui à présent un véritable ami, un bon frère.

Et quand l'heure du supplice a sonné, il est là où l'appelle un sublime dévouement. C'est lui qui est à côté du condamné, le tenant d'une main appuyé sur son cœur, de l'autre lui montrant le ciel. Il est plus pâle, plus abattu que le condamné. Mais Dieu lui donne la force d'accomplir sa mission sainte.

La Religion est là touchante et sublime. Au moment où le patient sort des prisons et marche à l'échafaud, le son funèbre des cloches appelle les fidèles à l'Église : la Religion veut que tous ses enfants s'unissent dans une commune imploration du Très-Haut en faveur du condamné. Le Saint-Sacrement est exposé ; les prières se multiplient, les consolations abondent.

Le prêtre monte à l'échafaud avec Sicrad ; il reçoit ses dernières aspirations, il prie pour lui ; et lorsque à ce moment suprême, tenant l'image du Christ à la main, il fait baiser au patient les plaies du Dieu qui a voulu souffrir aussi une mort ignominieuse, et que Sicrad, d'une voix forte et inspirée, demande pardon à Dieu du crime qu'il a commis et se recommande aux prières des assistants, la toute-puissance de la Religion éclate, entraîne, saisit.

Sicrad a expié son crime. La justice des hommes est satisfaite. Pour cette justice, il y a là un échafaud ; pour la justice de Dieu, c'est un autel.

Ainsi, dans cette Rome qui dominait le monde par la force, le condamné était jeté aux *Gémonies* sans consolation et sans espérance : la loi était terrible, la religion était sans pitié.

Mais, dans Rome chrétienne, Rome qui règne sur le monde par la foi, la Religion étreint de son amour l'infortuné que la loi frappe ; elle implore pour lui le Dieu de bonté et de miséricorde ; elle s'associe à ses douleurs, à ses remords, à son repentir ; elle lui donne ses consolations, son pardon et l'espoir de la clémence divine.

Notre ancienne législation, nos mœurs anciennes, étendaient sur la mémoire du criminel, sur sa famille, l'opprobre du crime. Mais aujourd'hui, quand la justice des hommes est satisfaite et le crime expié, la loi respecte la famille du condamné, elle efface la trace du crime.

Le corps du condamné Sicrad repose dans le lieu consacré par la religion aux sépultures. Et le soir, après la sanglante expiation, un ami vient au milieu de sa famille désolée, mêler ses larmes aux siennes... : c'est le prêtre, c'est le dernier ami du condamné.

Au viie siècle de l'ère Romaine, la loi et la religion étaient impitoyables.

Au xviiie siècle de l'ère Chrétienne, la loi était impitoyable, la religion impuissante.

Aujourd'hui, la loi limite l'expiation. Elle permet à la religion d'obtenir du condamné un repentir sincère et de lui donner en échange la douce et sublime espérance du pardon.

www.ingramcontent.com/pod-product-compliance
Lightning Source LLC
LaVergne TN
LVHW021723080426
835510LV00010B/1116